Er gibt den Müden Kraft und die Schwachen macht er stark.

Jesaja 40,29

LIEBE LESERIN, LIEBER LESER!

Schön, dass dieses Heft zu Ihnen gefunden hat! Vielleicht haben Sie aber auch ganz gezielt danach gesucht, weil Sie sich erschöpft und ausgebrannt fühlen. Die Gründe hierfür können vielfältig sein: Womöglich haben Sie über einen langen Zeitraum viel Zeit und Energie in andere Menschen und Projekte investiert. Vielleicht gab es akute private oder berufliche Herausforderungen, die Sie überdurchschnittlich stark belastet haben. Möglicherweise ist Ihre Situation auch eine vollkommen andere. Aber ganz gleich, wie es dazu gekommen ist: Es fühlt sich nicht gut an, so ausgelaugt zu sein!

Ich lade Sie ein, mithilfe dieses Heftes ein Stück weit den Gründen, die für Ihr Ausgebranntsein verantwortlich sein könnten, auf die Spur zu kommen. Vor allem aber lade ich Sie zu Begegnungen mit Gott ein. An ihn können Sie sich mit allem wenden, was Sie kraft- und mutlos macht. Er liebt Sie. Er hat Zeit für Sie. Er geht Seite an Seite mit Ihnen durch alle Höhen und Tiefen des Lebens. Lassen Sie sich von ihm neue Kraft und Hoffnung schenken.

Bevor Sie starten, werfen Sie gerne auch noch einen Blick auf die Seiten 4 und 5. Dort finden Sie einige nützliche Informationen zum Aufbau dieses Themenheftes sowie Tipps, wie Sie es mit möglichst viel Gewinn lesen können.

Viele kraftspendende Entdeckungen wünscht Ihnen

Nicole Sturm

Nicole Sturm ist Theologin und arbeitet als psychotherapeutischer Coach in eigener Praxis in Norddeutschland. Sie liebt guten Kaffee, Bücher, Sonne, Meer, tiefe Gespräche und natürlich Gott. www.vorwärtsleben.de

Herzlichen Glückwunsch zum Erwerb dieses Themenheftes! Sicherlich hat es einen guten Grund, warum Sie gerade dieses ausgewählt haben. Sie dürfen auf 18 Impulse gespannt sein, die „Ihr“ Thema auf der Grundlage der Bibel von verschiedenen Seiten beleuchten und Sie voranbringen wollen.

Die Themenhefte sind undatiert. Das bedeutet: Sie allein entscheiden, in welchem Zeitraum Sie die Impulse lesen wollen oder in welchem Rhythmus, ob einen Impuls pro Tag oder pro Woche oder …

Bevor Sie das Heft aufschlagen, können Sie Gott bitten, dass er durch den Impuls in Ihre Situation hineinspricht.

Die Impulse starten mit Gedanken, die Sie im Alltag abholen und zu den ausgewählten Bibelworten hinführen wollen.

Lassen Sie sich nun überraschen, was die Bibel zum jeweiligen Thema sagt. Die Bibeltexte, auf denen die Impulse basieren, finden Sie am Ende des Hefts. Sie haben allerdings noch mehr vom Bibellesen, wenn Sie Ihre eigene Bibel zur Hand nehmen und die angegebenen Abschnitte direkt dort lesen. Und wenn Sie dann noch ein paar Verse vor und nach der Bibelstelle lesen, werden Sie zusätzliche Entdeckungen machen.

Lesen Sie nun den Gedankenanstoß zum Bibeltext. Wo finden Sie sich wieder? Worüber wollen Sie weiter nachdenken? Mit wem wollen Sie vielleicht darüber reden? Vertrauen Sie sich im Gebet Gott an und bitten Sie ihn, Ihnen bei der Umsetzung des Erkannten zu helfen.

Probieren Sie ruhig mutig den Handlungsimpuls am Ende aus. Lassen Sie Gedanken zu Taten werden. Finden Sie heraus, wie Ihre Situation mit Gottes Hilfe Stück für Stück verändert werden kann.

Mit der Bibel neue Kraft schöpfen – Tipps

© andy-abelein - Unsplash.com

Stellen Sie sich das Bibellesen doch einmal vor wie einen wunderschönen Urlaub. Damit Sie den so richtig genießen können, finden Sie im Folgenden ein paar wertvolle Tipps. Am meisten haben Sie davon, wenn Sie sich an jedem der 18 „Urlaubstage" ein ruhiges und bequemes Plätzchen suchen. Und das zu einer Tageszeit, in der Sie möglichst ungestört sein können.

Ankommen

Gott ist da und hört Sie. Schütten Sie ihm Ihr Herz aus und bitten Sie ihn, durch die Bibel zu Ihnen zu reden.

Entdecken

Lesen Sie den angegebenen Bibeltext im Heft oder besser noch in Ihrer eigenen Bibel. Am besten mehrfach und ruhig halblaut. Das erleichtert die Konzentration. Lassen Sie sich mitnehmen in die Welt der Bibel und entdecken Sie Altes neu und Neues zum ersten Mal.

Vertiefen

Nehmen Sie sich Zeit, selbst Entdeckungen zu machen. Welcher Satz, welches Wort spricht Sie an? Was erfahren Sie über Gott oder Jesus?

Austausch

Was hat Gott Ihnen heute durch die Bibel gezeigt? Sind Sie ermutigt worden? Sind Sie auf etwas aufmerksam geworden? Sprechen Sie mit Gott über Ihre Fragen oder neuen Erkenntnisse.

IMPULS 1

EIN MENSCH, KEINE MASCHINE

Seit Wochen nimmt die Müdigkeit immer mehr zu, während es mit der Energie bergab geht. Das Leben fühlt sich anstrengender an als früher. Das Gedankenkarussell ist auf Dauerbetrieb geschaltet und ein Gefühl des Ausgebranntseins stellt sich ein. Fragen nach dem Warum spuken durch den Kopf: Warum bin ich so müde? Warum fehlt mir die Kraft, um das Leben mit all seinen Herausforderungen zu meistern? Warum fällt mir das Lächeln schwer und wo ist die Freude im Herzen geblieben?

	1. Mose 2,1-3 2. Mose 20,8-11	Seite 14

Gott hat die Welt mit allem, was lebt, geschaffen. Als er sein Werk vollendet hatte, ruhte er sich aus. Wenn selbst Gott sich nach sechs Tagen Arbeit ausruht, gibt er uns darin ein Vorbild: Er zeigt uns, dass auch wir solche regelmäßigen Ruhetage brauchen. Sie sind dazu gedacht, bewusst aus dem Alltagstrott auszubrechen. Solche Auszeiten geben uns die Möglichkeit, unsere Energietanks neu aufzufüllen – durch Ruhe und Zeit, auch mit Gott. Sich ausgebrannt zu fühlen, ist kein Zeichen von Schwäche. Vielmehr zeugt es von einem oftmals zu hohen Lebenstempo mit zu wenigen Pausen. Hinzu kommen häufig noch überhöhte Ansprüche an sich selbst. Gott hat uns an jedem siebten Tag einen Ruhetag geschenkt. Nutzen Sie ihn!

Ruhetag

Gott schenkt Ihnen eine Pause im Alltag

Auch wenn nicht Sonntag ist: Gönnen Sie sich heute bewusst etwas Ruhe, eine kleine Auszeit. Nehmen Sie sich Zeit – und wenn es nur fünf Minuten sind. Tun Sie sich in dieser Zeit etwas Gutes: Genießen Sie eine Tasse Tee, drehen Sie eine kurze Runde um den Block oder machen Sie ein Nickerchen. Das kann zumindest kurzfristig eine Entlastung bringen.

AUF FEHLERSUCHE

Wenn unser Leben nicht so läuft wie geplant, begeben wir uns auf Fehlersuche. Wir suchen nach einem Schuldigen: Bin ich es selbst, ist es ein anderer oder sind es die Umstände? Fast immer kommen verschiedene Dinge zusammen. Man ist wütend: auf sich selbst, andere, die Umstände und womöglich auch auf Gott. Zu erkennen, wo sich Hinderliches eingeschlichen hat, ist wichtig. Nur so ist es möglich, es zu verändern. Aber wie geht man mit Dingen um, die man nicht mehr ändern kann?

Matthäus 6,12	Seite 42

Vergebung ist ein zentrales Thema der Bibel. Für Jesus ist es so wichtig, dass er es ins Vaterunser aufnimmt. Gott vergibt Menschen ihre Schuld: Gedanken, Worte und Taten, die seinem Willen widersprechen. Seine Vergebung erhält, wer ihn darum bittet und darauf vertraut, dass er einen Neuanfang, befreit von Schuld, schenkt. So wie Gott uns Menschen immer wieder vergibt, möchte er, dass auch wir anderen gegenüber dazu bereit sind. Vergebung wirkt befreiend – zum einen für die Person, der vergeben wird, aber auch für den, der vergibt. Durch Vergebung muss man nicht länger an seinem Groll festhalten. Wer selbst Fehler gemacht hat, darf wissen, dass Gott vergibt. Deshalb dürfen wir auch uns selbst vergeben. Vergeben bedeutet nicht vergessen. Trotzdem ermöglicht es, einen Schlussstrich unter das, was war, zu ziehen. Der Blick nach vorne wird frei und die Beziehung zu Gott kommt in Ordnung.

Vergebung **macht mich und meine Mitmenschen frei**

Vergebung ist oft ein Prozess, ein Weg, auf den man sich begibt. Dieser Weg beginnt mit dem ersten Schritt: vergeben zu wollen. Vielleicht hilft es Ihnen, sich alles Belastende einmal von der Seele zu schreiben. Und bitten Sie Gott, sich dieser Dinge anzunehmen.

Sie sind *nicht* allein!

Sie fühlen sich ausgebrannt, kennen aber niemanden, dem es ähnlich geht oder ging? Vielleicht hat Sie das dazu veranlasst, sich zu fragen, ob Sie womöglich der einzige Mensch auf der Welt sind, dem es so ergeht. Aus diesem Grund hier eine kleine Zusammenstellung von Aussagen anderer (ehemals) Ausgebrannter. Sie werden sehen: Sie sind nicht allein!

Genau in diesem Augenblick gibt es Tausende Menschen, die sich in einer ganz ähnlichen Situation befinden. Und mindestens genauso wichtig: Es gibt auch Tausende, die es aus einem Burnout rausgeschafft haben!

„Ich habe nicht gleich bemerkt, was wirklich los war mit mir, denn es war ein ziemlich schleichender Prozess. Ich erinnere mich aber an eine Situation, die ich so beschreiben kann, als ob man den Stöpsel einer Luftmatratze zieht und alle Luft weicht – genau so habe ich mich gefühlt und gemerkt, dass ich nicht mehr kann", berichtet eine Betroffene.

Viele leugnen die Situation – nicht nur vor anderen, sondern auch vor sich selbst: *„Das kann nicht sein. Ich bekomme das schon hin."*

Ist dies jedoch nicht mehr möglich, haben viele Betroffene mit ihren Gefühlen zu kämpfen: *„Ich habe mich sehr hilflos und allein gefühlt. An Zukunft war überhaupt nicht zu denken."*

Jemand anders erzählt: *„Meist habe ich mich überfordert gefühlt, auch bei kleinen Dingen müde, antriebslos und eigentlich war mir alles egal. Am liebsten hätte ich mich in eine andere Welt ‚verkrümelt'."*

Hinzu kommen noch die gefährlichen Vergleiche mit anderen: *„Ich habe mich wertlos und weniger wert gefühlt, weil ich nicht mehr so funktionieren konnte wie gewünscht. Ich habe mich selbst immer kleiner gemacht und mich mit anderen verglichen. Die schaffen das ja schließlich auch alle!" Darf man überhaupt ausgebrannt sein? „... eigentlich bin ich doch ‚nur' Hausfrau und Mutter ..."*

Ein ganz zentrales Thema ist die Enttäuschung über sich selbst und die Angst vor dem, was die Zukunft für einen bereithält: *„Ich war traurig, enttäuscht von mir selbst, dass ich ‚es', ‚das Leben' nicht schaffe, nicht geregelt bekomme, wo ich doch eigentlich weiß, was mir guttut und was nicht. Ich hatte Zweifel, diese Balance wiederzufinden. Existenzängste – wie soll das mit mir denn weitergehen? Was soll denn aus mir noch werden?"*

DARF ICH SO FÜHLEN?

Wie fühlen Sie sich gerade? Gestresst, allein, sauer, bedrückt oder ...? Gefühle kommen und gehen. Manchmal wechseln sie sehr schnell, sie können aber auch zu einer Art Dauergast im Leben mutieren. Bei manchen Gefühlen fragt man sich vielleicht, ob man so fühlen darf. Darf man sich überfordert fühlen, wenn alle anderen ihr Leben samt aller Herausforderungen mit Leichtigkeit zu meistern scheinen? Es ist wichtig, Gefühle nicht wegzudrücken, sondern sie bewusst wahrzunehmen und zu benennen – zuerst einmal sich selbst, aber auch anderen Vertrauenspersonen gegenüber. Dieses Benennen ist oft der erste Schritt raus aus der Situation.

Psalm 13	Seite 42

Offenes Ohr

Bei Gott darf ich echt sein

David macht es vor: Wir dürfen zu unseren Gefühlen stehen und sie aussprechen. Auch Gott gegenüber ist Klagen erlaubt. Er kann mit allem, was uns bewegt, unseren Gedanken und Gefühlen, umgehen! Manchmal scheint es, als habe selbst Gott einen vergessen. Aber das ist nicht wahr. Gott ist immer da und hat ein offenes Ohr. Er lädt uns ein, mit ihm über all die Dinge zu reden, die uns im tiefsten Innern bewegen. David kannte seinen Gott. Das gab ihm die Zuversicht, dass auch wieder bessere Zeiten kommen. Zeiten, in denen er Gott von Herzen danken wird. Sein Gott ist auch Ihr Gott!

Fühlen Sie einen Moment in sich hinein und stellen Sie sich folgende Frage: Was fühle ich gerade? Wie möchte ich damit umgehen? Teilen Sie Ihre Gefühle mit Menschen, denen sie vertrauen, vor allem aber mit Gott. Verlassen Sie sich auf seine Liebe.

Wir denken
zu viel und
fühlen zu wenig.
Charlie Chaplin

IMPULS 4

WAS WÄRE, WENN …

… meine Kraft nicht mehr reicht? Oder jemand erfährt, wie es gerade in mir aussieht? Was wäre, wenn …? Die Antwort werden wir erst erfahren, wenn es tatsächlich passiert. Trotzdem dreht sich das Gedankenkarussell im Eiltempo um genau diese Frage und das Kopfkino kreiert einen thematisch passenden Worst-Case-Horrorfilm. Wir können nicht im Voraus wissen, was geschehen wird. Häufig wird es weniger schlimm, als wir es uns ausmalen. Wenn es gut läuft, erwächst aus dem vermeintlich Schrecklichen sogar etwas Gutes. Genauso gut kann die Katastrophe eintreten. Sich jedoch auf diese Möglichkeit zu versteifen, raubt Energie, die wir gegebenenfalls anderweitig brauchen.

Johannes 14,16-19 | Seite 43

Das Leben ist nicht immer ein Zuckerschlecken. Das ist eine Realität, mit der sich auch Christen konfrontiert sehen. Es gibt Missverständnisse, Beziehungen zerbrechen, Krankheit und Tod treten in das Leben, Situationen wachsen einem über den Kopf, es gibt Ungerechtigkeit. Gott weiß das. Jesus hat, als er als Mensch auf dieser Erde gelebt hat, viele Menschen in schwierigen Situationen begleitet. Er selbst hat die größten menschlichen Leiden durchlebt. Gottes Zusagen gelten auch in diesen Zeiten: Er ist immer an Ihrer Seite. Er verlässt Sie nicht. Er hat Gutes im Sinn. Er liebt Sie ohne Wenn und Aber. Er ist für Sie da!

Antenne
neu ausrichten auf: Hoffnung

Mit welchen Gedanken füttern Sie Ihr Denken: mit Horrorszenarien oder mit Hoffnung? Unser Denken lenkt unsere Wahrnehmung. Wenn wir unsere Antennen auf Hoffnung ausrichten, werden wir Hoffnungssignale wahrnehmen. Haben wir unser inneres Suchprogramm jedoch auf Unheilverkündendes eingestellt, so werden wir genau diese Dinge sehen. Bitten Sie Gott, dass er Ihnen die Augen öffnet für die Hoffnung, auch in schweren Zeiten.

© Tim Foster - Unsplash.com

UNTEN DURCH?

Haben Ihre Mitmenschen schon bemerkt, wie erschöpft Sie sind? Wie war die Reaktion: verständnisvoll, ablehnend, die Situation runterspielend oder …? Manche Ausgebrannte haben das Glück, von Menschen umgeben zu sein, die wohlwollend und unterstützend reagieren. Andere hingegen stehen vor der Herausforderung, in dieser Situation zusätzlich noch mit Ablehnung, Desinteresse oder auch Schuldzuweisungen umgehen zu müssen. Oder mit der Angst, dass ihre Mitmenschen so reagieren könnten. Sorgen machen sich breit: Stimmt vielleicht wirklich etwas nicht mit einem? Warum sonst sollte das Umfeld so negativ reagieren?

	Psalm 139,1-6.13-14	Seite 43

Wie auch immer die Reaktionen in Ihrem Umfeld aussehen: Es gibt einen Ort, an dem Sie sich nicht verstellen müssen und ohne Risiko so sein dürfen, wie Ihnen gerade zumute ist. Gott kennt Sie. Er hat Sie geschaffen: einzigartig wunderbar! Gott ist voller Liebe für Sie. Ganz gleich, ob Ihr Umfeld Sie in Ihrer Erschöpfung versteht und Ihnen hilfreich zur Seite steht oder nicht: Gott ist an Ihrer Seite. Er hält alles aus: Ihre Müdigkeit, Fragen, Gefühle, Klagen, Ängste. Er lehnt Sie nicht ab, sondern will Sie mit seiner Nähe, Liebe, Weisheit und seinem Segen beschenken. Dieses Wissen ändert nicht Ihre Situation von jetzt auf gleich, aber es stärkt Sie in Ihrem Wert als Mensch, der von höchster Instanz festgelegt wurde und für immer steht. Und Gott kennt Sie, Ihre Geschichte und Ihre aktuelle Situation. Er versteht!

Seelsorger
Gott versteht Sie

Gibt es einen Menschen, dem Sie heute Ihr Herz ausschütten können? Wenn ja, tun Sie es! Wenn nicht, nutzen Sie die einzigartige Chance, mit dem zu reden, der Sie besser kennt als jeder Mensch auf dieser Welt: Gott!

Geliebt?

In Zeiten des Ausgebranntseins spitzen sich Dinge oft zu. Dies trifft auch auf die eigenen Gefühle und Wahrnehmungen zu. Einige Menschen meinen, es gerade jetzt verdient zu haben, geliebt zu werden: Sie merken, dass sie es brauchen. Die ihnen in Wort und Tat entgegengebrachte Liebe nehmen sie gerne an. Andere hingegen hadern mit dem Thema Liebe: Sie haben das Gefühl, sie nicht verdient zu haben. Hinzu kommt, dass sie keine Möglichkeit sehen, sie auf für sie angemessene Weise zu erwidern, weshalb sie meinen, sie auch nicht annehmen zu dürfen.

Diese Überlegungen finden oft auf einer unterbewussten Ebene statt. Die Gründe für die Zurückweisung werden dementsprechend auch nicht kommuniziert. Bei denjenigen, die auch ohne jede Gegenleistung gerne für eine Person da sein möchten, kommt diese ablehnende Haltung womöglich falsch an: Sie denken, ihre Liebe sei unerwünscht. In Wirklichkeit jedoch sehnen sich viele Ausgebrannte nach ihr, haben lediglich Angst davor, sie anzunehmen.

Liebe ohne Gegenleistung – Gott macht es vor. Er hat Sie geschaffen und ins Leben geliebt. Er ist nicht nur ein Gott der gesprochenen Liebesbekundungen, sondern ließ seinen Gefühlen und Worten Taten folgen: „Das Einzigartige an dieser Liebe ist: Nicht wir haben Gott geliebt, sondern er hat uns seine Liebe geschenkt. Er gab uns seinen Sohn, der alle Sünden auf sich nahm und sie gesühnt hat." (1. Johannes 4,10) Sie sind einmalig. Sie sind gewollt. Sie sind geliebt. Lassen Sie diese Liebe in Ihrem Leben zu – von Gott und Menschen!

Geliebt!

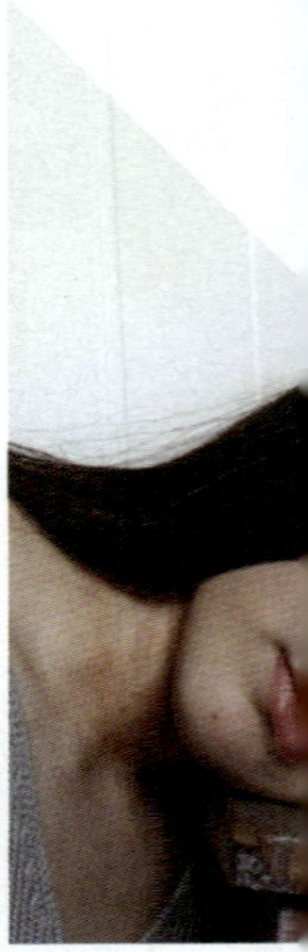

MÜDIGKEIT ALS LEBENSGEFÜHL

Ein Projekt, das Überstunden erfordert, eine herausfordernde Situation in der Familie – wer kennt das nicht? Es sind anstrengende Phasen, die einem viel abverlangen. Aber irgendwann ist sie da: Zeit zum Durchatmen, Auftanken, Erholen ... ein freies Wochenende oder auch nur ein Abend, der ganz nach den eigenen Wünschen und Bedürfnissen gestaltet werden kann. Danach geht es einem gleich viel besser. Aber was, wenn diese Dinge nicht helfen? Was, wenn man nicht in der Lage ist, seine Energie-Tanks aufzufüllen? Was, wenn die Müdigkeit zum bestimmenden Lebensgefühl wird und die Hoffnung auf bessere Zeiten schwindet?

Matthäus 11,28 | Seite 43

Jesus weiß, dass es Phasen im Leben gibt, die überfordern, traurig machen, einen jeglicher Kraft berauben. Deshalb lädt er seine Jünger, aber auch uns, ein, zu ihm zu kommen. Bei ihm können wir auftanken. Vielleicht ist Ihnen die Luther-Übersetzung dieses Verses vertrauter: „Kommt her zu mir alle, die ihr mühselig und beladen seid, ich will euch erquicken.“ Im griechischen Urtext heißt es, dass Jesus denen, die zu ihm kommen, Ruhe geben möchte. Er heißt jeden Erschöpften willkommen. Wie ein Kind in den Armen liebender Eltern dürfen wir erleben: Da ist jemand für mich da, ich werde geliebt. Mit solch offenen Armen wartet Jesus auf Sie.

In Gottes Armen
Ruhe finden und auftanken

Wie denken Sie über Ihre Zukunft? Worauf hoffen Sie?

© Maranatha Pizarras - Unsplash.com

Ausgebrannt – was bedeutet das überhaupt?

Viele Menschen sagen über sich, dass sie sich ausgebrannt fühlen. Ausgebrannt zu sein ist erst einmal etwas sehr Subjektives: Es ist das persönliche Empfinden der jeweiligen Person. Außenstehenden steht es nicht zu, dieses Erleben kleinzureden.

Wichtig ist jedoch zu klären, wie stark dieses Ausgebranntsein ausgeprägt ist:

a) Handelt es sich dabei um ein Gefühl, das ganz klar von einer Situation ausgelöst wird (z. B. ein herausforderndes Projekt bei der Arbeit), die in einer absehbaren Zeit überstanden sein wird? Besteht die begründete Hoffnung, dass ein komplett freies Wochenende o. Ä. die Kraftreserven wieder auffüllen kann?

b) Oder handelt es sich bei der Erschöpfung mittlerweile um eine Art Dauerzustand? Fehlt es an einer Strategie, mit dem Stress umzugehen? Und ist die Sicht auf die Zukunft eher pessimistisch mit wenig Hoffnung auf Besserung? Dann besteht der Verdacht auf ein Burn-out. Ein Burn-out ist gekennzeichnet durch einen Zustand geistiger, seelischer und körperlicher Erschöpfung aufgrund einer dauerhaften Überlastung in Beruf, Familie oder anderswo. Fast immer gehören depressive Aspekte zur Symptomatik. Die Grenzen zu einer Depression sind fließend.

Ganz gleich, wie Ihre Situation aussieht: Bitte sorgen Sie so gut es geht für sich, gönnen Sie sich ausreichend Erholungszeiten und nehmen Sie die Unterstützung von Freunden oder auch Fachleuten an. Dies sind entscheidende Schritte auf dem Weg raus aus dem Ausgebranntsein.

IMPULS 7

SORGENWOLKEN

Mit der Energie schwindet oft auch die Zuversicht. Das wiederum bildet die perfekte Grundlage dafür, dass Sorgen sich lautstark zu Wort melden und Denken und Fühlen bestimmen können. Ein Teufelskreis entsteht: Der Energieverlust sorgt für eine pessimistischere Sicht auf das Leben. Sorgen treten in den Vordergrund. Man kann immer schlechter abschalten und das Einschlafen fällt schwer. Am nächsten Tag wacht man bereits müde auf und alles fängt von vorne an, nur eine Spur schlimmer. Herausforderungen blähen sich in der eigenen Wahrnehmung zu Bergen auf; der Zugang zu Bewältigungsstrategien ist versperrt.

1. Petrus 5,7	Seite 44

Die Herausforderungen, vor die uns das Leben stellt, sind real. Die Frage ist nur, wie wir mit ihnen umgehen: Lassen wir uns von ihnen einschüchtern oder erstarren wir gar vor ihnen? Pflegen wir unsere Sorgengedanken, indem wir sie mit Pessimismus düngen und aktiv nach Erfahrungen anderer suchen, die an ähnlichen Herausforderungen gescheitert sind? Oder erlauben wir Gott, uns in unserer Situation zu begegnen und die Sorgenwolken, die unsere Sicht auf das, was möglich ist, trüben, zur Seite zu schieben? Gott will, dass wir ihn machen lassen. Wir dürfen aktiv werden und unsere Sorgen auf ihn werfen. Bringen wir sie zu ihm, sind sie kein Bumerang, der immer wieder zu uns zurückkehrt. Gott sagt nicht: „Stell dich nicht so an!", sondern: „Lade deine Sorgen bei mir ab, damit ich mich darum kümmern kann."

Gott kann **Sorgenwolken mit seinem Licht vertreiben**

Welche Sorgenwolken schweben über Ihnen? Gehörten Sie bisher eher zu denen, die ihre Sorgen pflegen, oder zu denen, die sie abgeben? Laden Sie sie von heute an bei Gott ab!

WECHSELSPIEL

Viele Menschen versuchen, Körper und Seele voneinander zu trennen. Tatsache ist jedoch, dass beides zusammengehört! Ist ein Teil stark herausgefordert, wirkt sich das auf den anderen aus. Sorgengedanken schlagen auf den Magen oder hindern am Einschlafen. Die fehlende nächtliche Erholung macht den Körper krankheitsanfälliger. Ebenso kann eine körperliche Erkrankung auf die Psyche schlagen. Eins greift ins andere. Es ist wichtig, sich diese Zusammenhänge bewusst zu machen und sowohl zu seinem Körper als auch zu seiner Seele gut zu sein.

Psalm 31,10.15	Seite 44

Die Berichte der Bibel sind ehrlich und beschönigen nicht. Sie zeigen, dass es beides gibt: gute wie auch schlechte Zeiten. In Zeiten von Angst, Trauer, Überforderung werden sowohl Körper als auch Seele gestresst. Zum Glück gibt es auch anderen Zeiten – die, in denen Körper und Seele aufatmen und sich freuen können. Die größte Freude entsteht, wenn wir uns nah an Gott halten. Diese Freude ist selbst im Leid tragfähig, denn sie hält fest an Gottes Verheißung, dass er für Sie da ist – immer! Zu glauben, er würde einen alleine lassen, ist eine Lüge. Gott hat Sie erschaffen und weiß, was Ihr Körper und Ihre Seele brauchen. Sicher gibt es auch in Ihrem Umfeld ein paar Menschen, die Sie gerne unterstützen – vielleicht solche, von denen Sie es gar nicht vermuten.

Wahrgenommen
Gott sieht, was mein Körper und meine Seele gerade brauchen

Nehmen Sie sich heute ein paar Minuten Zeit, um zu überlegen, wie Körper und Seele zusammenspielen. Wo könnten Sie einhaken und Dinge verändern, um eine mögliche Abwärtsspirale zu stoppen?

IMPULS 9

BEZIEHUNGSWEISE

Wenn man sich verändert, wirkt sich das aus. Je nach Veränderung reagieren manche Mitmenschen sehr positiv, andere wiederum ablehnend. Veränderungen fordern heraus: Sie können zusammenschweißen oder Beziehungen zerbrechen lassen. In jedem Fall verändern sie das Beziehungsgeflecht: Gewohnte Verhaltensweisen werden aufgehoben, man ist mit einer neuen Situation konfrontiert – das gilt für alle Beteiligten. Manchmal ist es notwendig, eine Beziehung zu beenden, weil man sich nur noch verletzt, aber um viele Beziehungen im Leben lohnt es sich zu kämpfen. Wir Menschen sind auf Gemeinschaft angelegt, darum brauchen wir einander.

Prediger 4,12	Seite 44

Sie sind stark, halten viel aus, können Großes bewegen. Sie – allein. Das funktioniert in gewissen Situationen und für eine Weile, aber auf Dauer macht dieses Denken einsam. Wir Menschen sind jedoch Beziehungswesen: von Gott geschaffen und auf das Miteinander ausgelegt. Gott hat uns menschliche Gegenüber geschenkt, um uns gegenseitig zu stärken, zu ermutigen und wo nötig auch zu korrigieren. Zusammen sind wir noch ungleich stärker als allein: zusammen mit anderen Menschen und mit Gott. Gemeinsam stark, das ist weit mehr als nur ein netter Slogan: Es ist die Wahrheit. Beziehungen verändern sich. Sie sind gerade dann harte Arbeit. Aber etwas, in das zu investieren sich lohnt!

Gemeinsam **sind wir stärker**

Machen Sie sich bewusst, dass Sie als Mensch geschaffen wurden, der auf Beziehung angelegt ist. Entdecken Sie in Ihren Mitmenschen Geschenke Gottes an sie. In welche Beziehungen möchten Sie gerade jetzt bewusst investieren? Wie könnte das im Rahmen Ihrer aktuellen Möglichkeiten aussehen?

Das Schönste aber
hier auf Erden
ist lieben und
geliebt zu werden.

Willhelm Busch

Was Angehörige tun können

© priscilla-du-preez - Unsplash.com

Was hilft einem Menschen, der ausgebrannt ist? Ratgeber haben schnell Tipps parat. Fragt man jedoch die Betroffenen selbst, so variieren die Antworten stark. Jeder Mensch, jede Situation ist anders. Pauschalantworten greifen hier nur selten. Worin sich Betroffene jedoch sehr wohl einig sind, sind die Dinge, die ihnen NICHT geholfen haben. Hier eine kleine Auswahl:

- Aussagen wie „Stell dich nicht so an!": Sie geben Betroffenen das Gefühl, dass sie sich nicht genug anstrengen. Das erzeugt zusätzlichen Druck und den machen sie sich schon selbst genug.
- Die Situation kleinreden („Geh doch mal ins Kino, dann wird das schon wieder.") oder sich sogar darüber lustig machen.
- Ungebetene Ratschläge, vor allem von Menschen, die selbst noch nie in so einer Situation gesteckt haben – Ratschläge können Schläge sein.
- Die Erwartung, dass der Betroffene auch jetzt so „funktioniert" wie früher – oder zumindest ganz, ganz schnell wieder: Das überfordert und wird als Vorwurf aufgefasst.
- Rückzug aus der Beziehung: Was ankommt ist die Botschaft: „Du bist mir zu viel!"
- Betroffene aus allem raushalten, über ihren Kopf hinweg Dinge entscheiden: Sie fühlen sich entmündigt. Besser: im Gespräch bleiben, auch wenn der Betroffene vielleicht gerade nicht gut Entscheidungen treffen kann.
- Hilfe ablehnen, weil man denkt: „Das müsste der andere doch auch alleine schaffen!" Mit ziemlicher Sicherheit wird der Betroffene es kein zweites Mal wagen, um Hilfe zu bitten.

Sensibel sein, zuhören und individuell rantasten ist gefragt. Das ist Arbeit, aber nur so können Angehörige sinnvoll helfen.

IMPULS 10

MASKEN ABSETZEN

Wer ausgebrannt ist, versucht zumindest das Nötigste am Laufen zu halten – und das so lange wie möglich. Keiner soll sehen, wie schlecht es einem wirklich geht. Da werden viele Masken getragen: die Maske der Fröhlichkeit, der Stärke, der Kompetenz, ... Der Wunsch, dass alles möglichst „normal" weiterläuft, ist groß und verständlich. Jedoch überfordert er oftmals zusätzlich. Der Druck nimmt zu.
Um die Maske oben zu halten, wird viel Kraft und Zeit aufgewandt. Kraft und Zeit, die fehlen, um seine Energietanks neu zu befüllen.

1. Samuel 16,7b — Seite 44

Auch wenn wir mit aller Kraft versuchen, die „Es-geht-mir-gut"-Maske aufrechtzuerhalten, damit der Chef, die Kollegen, Nachbarn und womöglich sogar Freunde und Familie nichts von unserer Situation mitbekommen: Es gibt einen, bei dem wir uns die Mühe sparen können – Gott. Er sieht hinter die mühevoll hochgehaltene Maske. Er sieht, wie es Ihnen tief innen geht. Dieses Wissen ist befreiend. Es gibt Raum, um sich zu zeigen mit allen Gefühlen, Gedanken, Fragen, Zweifeln, Sorgen, Hoffnungen. Gott möchte Ihnen in Ihrer Situation begegnen – wenn Sie es ihm erlauben.

Ehrlichkeit **macht frei, wieder man selbst sein zu dürfen**

Nehmen Sie Druck raus, indem Sie nicht länger versuchen, unnötige Masken aufrechtzuerhalten. Überlegen Sie, bei wem Sie versuchen könnten loszulassen. Wo könnten Sie dadurch Kräfte einsparen oder womöglich sogar neue Kraft schöpfen?

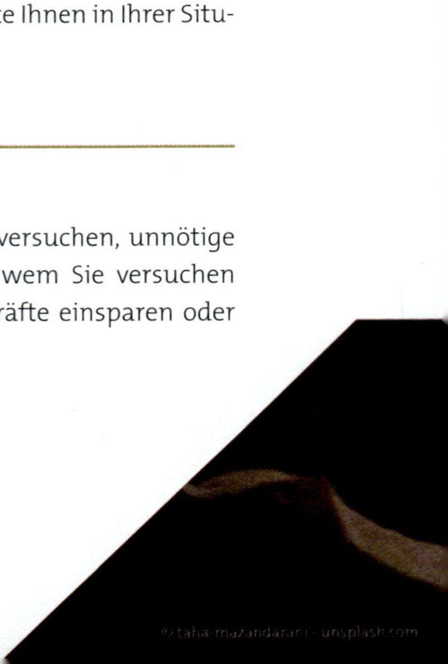

JA ZU DEM, WAS IST

Ja sagen zu dem, was gerade ist – klingt das eher befreiend oder nach Kleinbeigeben? Für viele Menschen klingt Akzeptanz wie Resignation. In Wirklichkeit bedeutet es, zu dem zu stehen, was gerade ist, anstatt es zu verleugnen oder kleinzureden. Nur wer der Situation, wie sie gerade ist, ins Auge schaut, ist in der Lage, sinnvolle Entscheidungen zu treffen und das Leben aktiv zu gestalten. Akzeptanz ist demnach kein Zeichen von Schwäche, sondern von innerer Größe. Es bedeutet, Verantwortung für sein Leben zu übernehmen.

Prediger 3,1-7	Seite 44

Alles hat seine Zeit

Es kommen auch wieder andere Zeiten

Gönnen Sie sich einen Moment des Innehaltens und des Akzeptierens, dass momentan vielleicht weniger eine Zeit des Tanzens und Lachens in Ihrem Leben ist, sondern eine Zeit der Kraftlosigkeit. Und dann vergegenwärtigen Sie sich die Verse aus dem Buch Prediger, die Sie gerade gelesen haben: Es kommen auch wieder andere Zeiten. Versprochen!

Mit welchem Wort würden Sie Ihre jetzige Situation beschreiben? Schreiben Sie es sich auf einen Zettel, den Sie da anbringen, wo Sie ihn gut sehen können. Ergänzen Sie Ihre Antwort um die folgende Aussage: „Alles hat seine Zeit! Es kommen auch wieder andere Zeiten."

SICH ÖFFNEN

Wieso passiert das gerade mir? Warum „funktioniere" ich nicht mehr wie früher? Weshalb ...? Wer ausgebrannt ist, stellt viele Fragen – kritische Fragen – vor allem an sich selbst. Oft spielt Scham eine große Rolle: Die anderen sollen nicht mitbekommen, wie schlecht es einem gerade geht. Auch wenn man vieles alleine bewältigen kann: Gemeinsam mit anderen geht es bedeutend besser! Sich sprichwörtlich an den eigenen Haaren aus dem Sumpf zu ziehen, ist nicht möglich. Dazu braucht es Hilfe von außen, von anderen Menschen und Gott.

	Lukas 5,17-25	Seite 45

Was wäre passiert, wenn der Gelähmte seinen Freunden nicht erlaubt hätte, ihn zu Jesus zu bringen? Seine Behinderung konnte er nicht vor ihnen verbergen, aber ihre Hilfe hätte er ablehnen können. Vielleicht wäre Jesus irgendwann in seiner Nähe vorbeigekommen, hätte ihn gesehen und geheilt. Aber es wäre sicherlich nicht an diesem Tag geschehen. Hatte der Gelähmte mit Scham zu kämpfen? Vermutlich ja, denn schon damals gehörte es sich nicht, das Dach eines Fremden zu beschädigen. Behinderungen wurden zudem oftmals als Strafe für Sünde gewertet. Ob er ähnlich dachte? Und doch lässt er sich drauf ein, vertraut seinen Freunden und erlebt sein ganz persönliches Wunder.

Falsche Scham
kann Gutes verhindern

Vertrauen Sie sich Gott an, vor dem Sie nichts verbergen müssen. Außerdem ist es wichtig, Menschen zu haben, denen man sich öffnen kann. Nicht zwingend jedem und schon gar nicht in gleicher Tiefe, aber einzelnen Personen. Wem vertrauen Sie? Denken Sie dran: Falsche Scham kann Gutes verhindern!

Vertrauen ist
die stillste
Art von Mut.
Irmgard Erath

Hilfen für Ausgebrannte

© Photographee.eu - stock.adobe.com

„Du solltest mal mit jemandem darüber reden ...!“ – Die Frage ist nur: Wer könnte dieser Jemand sein? Ein paar Gedanken hierzu:

Freunde und Familie: Dies sind Menschen, die Sie kennen und denen Sie vertrauen. Bei ihnen können Sie sich Rat holen, Dampf ablassen, ins Unreine sprechen oder Gedanken klären. Problematisch wird es, wenn sie (emotional) zu sehr in die Situation verstrickt sind. Auch könnten sie mit manchen Themen überfordert sein.

Pastor oder Seelsorger: Der gemeinsame Glaube verbindet. Oft sind sie in Gesprächsführung geschult und ein gutes Gegenüber, wenn es um geistliche Themen oder allgemeine Lebensfragen geht. Normalerweise haben sie sich zur Verschwiegenheit verpflichtet. Das Gespräch mit ihnen ersetzt aber keine Therapie.

Coach: Da der Begriff nicht geschützt ist, variiert die Qualität stark. Die Bandbreite an Arbeitsschwerpunkten reicht von Arbeitsorganisation, Entspannungstraining, Persönlichkeitsentwicklung bis zu Kommunikation. Eine Nachfrage lohnt sich! Coachings müssen aus eigener Tasche finanziert werden. Wichtig: Coaches dürfen im Normalfall nicht psychotherapeutisch arbeiten!

Hausarzt: Er sollte die erste Anlaufstelle sein, wenn man sich ausgebrannt fühlt. Durch ihn kann abgeklärt werden, ob die Erschöpfung psychischer Natur ist oder körperliche Ursachen hat. Bei Bedarf kann er Medikamente verschreiben oder eine Überweisung zum Therapeuten ausstellen.

Psychotherapeuten: Nur Personen mit einer entsprechenden Zulassung dürfen Psychotherapie anbieten. Der Weg hierzu führt über ein Medizin- oder Psychologiestudium mit Zusatzausbildung. Auch Heilpraktiker für Psychotherapie dürfen psychotherapeutisch arbeiten. Psychopharmaka dürfen nur vom Psychiater oder niedergelassenen Arzt verschrieben werden. Das Gespräch ist das primäre Mittel der Therapie. Die fachliche Kompetenz sowie die gesunde Distanz zur Situation sind die Pluspunkte. Die Krankenkasse übernimmt bei entsprechender Diagnose die Kosten.

GEDULDSPROBE

Nur schnell raus hier! Raus aus der Kraftlosigkeit, raus aus dem tiefen emotionalen Loch. Wieder rein ins Funktionieren, in die Kraft, ins Leben, wie es früher war! Wer in solch einer Zeit Sätze wie „Der Weg rein ins Burn-out dauert in etwa so lang wie der Weg raus" hört, ist erst einmal frustriert. Gibt es keine Abkürzung? Selbstverständlich geht es beim einen schneller, beim anderen langsamer. Geduld braucht aber jeder, vor allem mit sich selbst. Der Weg aus dem Ausgebranntsein verläuft nicht gradlinig. Es wird Rückschläge geben. Doch davon sollte man sich nicht entmutigen lassen. Auch wenn der Weg nicht gerade ist: Wie bei einer Spirale führt er immer ein Stück weiter, bis er letztlich hinausführt.

Sprüche 16,32a Römer 12,12	Seite 45

Gott ist der Inbegriff von Geduld: Er wird nicht müde, uns Menschen zu vergeben, um unsere Liebe zu eifern, an uns dranzubleiben. Er weiß, dass wir immer wieder dazu tendieren, die gleichen Fehler zu begehen. Trotzdem wendet er sich nicht genervt und frustriert von uns ab. Er hat die Zeit erschaffen, ist selbst von Ewigkeit zu Ewigkeit und hat daher vielleicht ein etwas entspannteres Verhältnis zur Zeit: Während wir möglichst schnell möglichst weit kommen wollen, weiß er, dass viele Dinge einen langen Atem brauchen. Sie selbst mögen sich unter Druck setzen, andere Menschen versuchen es vielleicht ebenfalls. Gott jedoch tut es nicht. Er geht geduldig mit Ihnen durch diese Lebensphase.

Geduld
Gottes Uhren ticken anders

Wo erleben Sie sich selbst als ungeduldig? Was würde sich verändern, wenn Sie sich selbst die Erlaubnis gäben, sich die Zeit zu nehmen, die Sie für Ihre Prozesse brauchen? Denken Sie an Gottes Geduld mit Ihnen – vielleicht kann Ihnen das helfen, mit sich selbst geduldiger zu sein.

GUT FÜR SICH SORGEN

„Tu dir doch mal was Gutes!" Diesen wohlgemeinten Ratschlag haben Sie vermutlich schon mehr als einmal bekommen. Aber haben Sie ihn auch befolgt? „Ich leiste doch viel weniger als früher. Da kann ich nicht so egoistisch sein und mir eine Auszeit gönnen." Selbstsorge ist weder egoistisch noch unnötiger Luxus. Vielmehr ist sie die Basis, um gesund zu bleiben und für andere da sein zu können. Auch wenn eine kurze Auszeit Sie nicht umgehend aus dem Ausgebranntsein rausholt, kann sie trotzdem guttun. Sich die innere Erlaubnis zu geben, sich etwas Gutes tun zu dürfen, kann befreiend wirken – sowohl in akuten Situationen als auch präventiv bzw. Kraft erhaltend.

	1. Korinther 6,19-20	Seite 46

Selbstsorge ist ganz im Sinne Gottes

Unser Körper ist ein Tempel des Heiligen Geistes. Und in genau diesem Tempel möchte Gott wohnen! Wenn sich Besuch angekündigt hat, richten wir das Wohnzimmer schön her. Wie viel mehr sollten wir also auf unseren Körper achten, wenn Gott dort dauerhaft leben möchte? Auf den Körper zu achten bedeutet, ihn zu pflegen. Dies kann auf vielerlei Weise geschehen: durch ausreichend Bewegung, frische Luft, gesunde Mahlzeiten, genügend Erholung etc. Teresa von Avila bringt es treffend auf den Punkt: „Tu deinem Leib des Öfteren etwas Gutes, damit deine Seele Lust hat, darin zu wohnen."

Überlegen Sie doch einmal, was Ihnen in der Vergangenheit gutgetan hat. Was davon könnten Sie heute oder die nächsten Tage bewusst einplanen? Wie könnte eine gute regelmäßige Routine aussehen, die nicht überfordert, sondern Balsam für Ihre Seele ist? Sie sind es wert, dass es Ihnen gut geht!

Die Geschenke-Box

Wer kennt das nicht? Wenn es einem gutgeht, hat man unzählig viele Ideen, wie man sich selbst etwas Gutes tun kann. Nur wenn es einem nicht gutgeht, kommt der Blackout: Einem fällt partout nichts mehr ein. Was eben noch auf der Hand lag, ist in den Tiefen des Gehirns verschwunden und nicht mehr greifbar.

Die Idee zur Geschenke-Box ist in genau solch einer Situation entstanden. Sie will Ihnen eine Hilfe sein, in guten Zeiten für nicht so gute Zeiten vorzusorgen. Das Prinzip ist denkbar einfach: In der Geschenke-Box werden Ideen dafür gesammelt, was Ihnen guttut. Die Geschenke-Box kann eine echte Box sein, ebenso gut aber auch eine Ideensammlung auf einem Zettel oder in Ihrem Handy. Der Vorteil einer Box ist, dass Sie in ihr nicht nur Ideen, sondern auch „Handfestes“ sammeln können.

Hier ein paar Fragen und Ideen, die Ihnen beim Anlegen einer eigenen Geschenke-Box helfen können:

Welche Menschen könnten mir helfen?

Jemand, der gut zuhören kann:

Jemand, der mir helfen kann, eine Lösung zu finden:

Jemand, der mich auf andere Gedanken bringt:

Andere wichtige Personen:

Aktivitäten, die max. 10 Min. dauern:

Aktivitäten, die max. 1 Stunde dauern:

Aktivitäten, die max. 3 Stunden dauern:

Aktivitäten für einen freien Tag (oder mehr):

Aktivitäten, die nichts kosten:

Orte, die mir guttun:

Musik, die meine Stimmung hebt:

Bewegung, die mir Energie gibt:

Kleidung, in der ich mich besonders wohlfühle:

Essen, das mich glücklich macht:

Zitate, Bibelstellen etc., die mich neu ausrichten:

Kraftspendende Erinnerungen:

Die Geschenke-Box kann beliebig weiter ergänzt werden – gerne auch um „Handfestes" wie Fotos, Gesichtsmasken oder Badezusätze, eine schöne Kerze, leckeren Tee, Schokolade etc.

Viel Spaß beim Befüllen – und dann auch regelmäßig Nutzen!

MAN SELBST SEIN

Das Leben wird anstrengend, wenn man das Gefühl hat, nicht man selbst sein zu dürfen. Wenn man meint, stark sein zu müssen, obwohl man sich gerade schwach fühlt. Lachen zu sollen, wenn einem nicht nach Lachen ist. Wenn die Frage, was andere denken oder erwarten, einem in Dauerschleife durch den Kopf geht. Dahinter steckt oft das Gefühl, nicht „richtig" bzw. nicht gut genug zu sein. Das aber ist eine Lüge. Und Lügen sollte man bekanntlich keinen Glauben schenken!

1. Mose 1,26a.27.31	Seite 46

Gott hat Sie nach seinem Bild geschaffen. Er hat Sie sehr gut gemacht – und Gott macht keine Fehler! Seine Liebe und sein Ja zu Ihnen galten nicht nur direkt nach Ihrer Geburt, sondern gelten jeden Tag aufs Neue. Er hat Sie einmalig erschaffen, als Mensch mit einer einmaligen Geschichte, einer einmaligen Kombination aus Fähigkeiten. Daher gehen Sie einer Lüge auf den Leim, wenn Sie glauben, nicht richtig oder gut genug zu sein. Gott hat Sie so gewollt, wie Sie sind. Und Sie dürfen sich auch noch weiterentwickeln.

Wunder
Gott hat Sie sehr gut gemacht

Machen Sie heute doch einmal den Authentizitäts-Test. Dazu stecken Sie in die eine Hosentasche einige Münzen oder getrocknete Erbsen. Jedes Mal, wenn Sie sich selbst dabei ertappen, dass Sie nicht so handeln oder reden, wie Sie es eigentlich gerne würden, nehmen Sie einen Gegenstand und stecken ihn in die andere Hosentasche. Am Ende des Tages werden Sie womöglich erstaunt sein, wie die beiden Taschen gefüllt sind.

Denken Sie dran: Sie dürfen zu sich und Ihren Bedürfnissen stehen!

GEDANKENWELT

Wir denken pausenlos – vieles davon jedoch unterbewusst. Viele dieser Gedanken haben wir schon so oft gedacht, dass sie uns vertraut sind wie eine zweite Haut. Gerade in Zeiten des Ausgebranntseins sind sie leider häufig nicht sonderlich positiv. Wir neigen dann dazu, unwahre Gedanken zu denken wie „Ich bin nichts wert". Das ist traurig, denn diese Gedanken sind Lügen.

1. Johannes 3,1a Markus 12,29-31	Seite 46

Die Wahrheit ist, dass Gott Sie liebt. Er zeigt diese Liebe durch Worte und Taten: In der Bibel spricht er sie uns immer wieder zu. Sie zeigt sich aber auch dadurch, dass Jesus am Kreuz für uns gestorben ist. Diese Liebe will erwidert werden: Gott wünscht sich unsere Liebe, aber auch andere Menschen und uns selbst sollen wir lieben. Lehnen wir uns selbst ab, verneinen also den uns von Gott zugesprochenen Wert, reden unsere Fähigkeiten klein oder leugnen sie komplett, strafen wir Gott einen Lügner. Wir sagen, dass sein Wort nicht der Wahrheit entspricht. Doch Gott selbst ist die Wahrheit. In ihm ist keine Lüge. Vertrauen Sie ihm!

Unanfechtbar
Gott hat bewiesen, dass Sie liebenswert sind

Wie denken Sie über sich? Was hat Sie zu solchen Gedanken veranlasst? Halten Sie sich vor Augen: Sie haben jeden Tag aufs Neue die Chance, neue, wahre Gedanken zu denken. Sie allein entscheiden!

Die Sache mit den Quatschis …

Jeder Mensch hat sie: Quatschis. Quatschis sind Gedanken, die tagtäglich durch unseren Kopf kreisen und uns sagen, was wir alles nicht können. Sie ziehen uns runter. Es sind Gedanken, die uns so vertraut sind, dass wir sie oft gar nicht mehr wahrnehmen, geschweige denn hinterfragen. Quatschis sind Lügen, die wir schlucken. Im Laufe der Zeit vergiften sie unser Leben, indem sie uns unserer Hoffnung berauben. Andere Worte für Quatschis sind persönliche „Glaubens-“ oder „Leitsätze“. Quatschis trifft es aber mindestens genauso gut, denn diese Gedanken quatschen in unser Leben und prägen unser Denken, indem sie wie eine leise Hintergrundmusik in unserem Kopf laufen – in Dauerschleife.

Überlegen Sie doch einmal, welche Quatschis Sie begleiten. Wie denken Sie über sich, Ihr Leben, Ihre Möglichkeiten, Ihre Zukunft? Welche hinderlichen, energiefressenden Gedanken gibt es da? Schreiben Sie sie gerne auf. Sie werden merken: Sobald Sie einzelne Quatschis identifiziert haben, werden Sie sie in Zukunft schneller und vor allem bewusster raushören. Der Vorteil: Sie haben dann die Möglichkeit, diese Gedanken zu hinterfragen.

Hier ein paar häufige Quatschis – und direkt im Anschluss das, was die Bibel dazu zu sagen hat:

Ich bin nichts wert.
Niemand interessiert sich für mich.
▶ Matthäus 10,29-31

Ich bin nicht gewollt.
▶ Psalm 139,13-14

Ich bin nicht gut, stark und/oder fromm genug, als dass Gott mich lieben könnte.
▶ Römer 8,38-39
▶ 1. Johannes 3,1

Niemand sieht, was ich wirklich brauche.
▶ Matthäus 6,30

Sie sind nicht perfekt – das ist niemand. Das Gute ist: Sie müssen es auch nicht sein! Atmen Sie stattdessen tief durch und lassen Sie die Aussagen der Bibel wirken:

Sie sind wertvoll.

Sie sind gewollt.

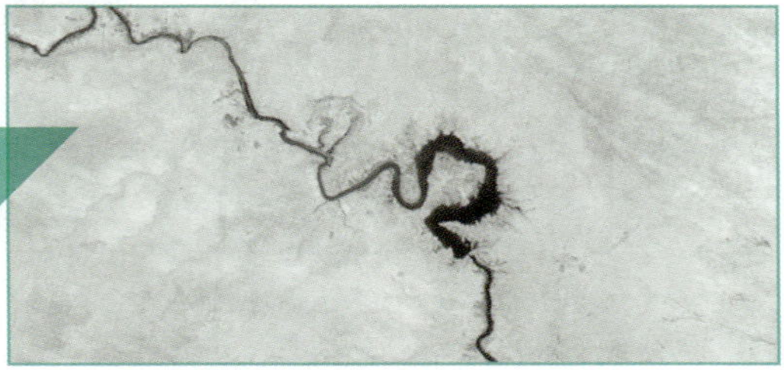

Sie sind geliebt.

Sie werden gesehen.

KRAFTRÄUBER UND KRAFTSPENDER

Ausgelaugt, ausgepowert, ausgebrannt. Es gibt viele passende Worte, um einen Zustand starker Erschöpfung zu beschreiben. Gemeinsam ist ihnen die Vorsilbe „aus-“. Aus, Ende, vorbei – da ist nichts Nennenswertes mehr, was man an Energie noch geben könnte. Man ist leer, ausgesaugt durch kräfteraubende Gedanken, hinderliche Verhaltensmuster, große Aufgaben, fordernde Mitmenschen. Es gab keinen Ausgleich, keine Energiespender, die das, was gegeben wurde, wieder hätten aufwiegen können ...

Markus 1,35 | Seite 46

Jesus wusste ganz genau, was ihm Kraft gab: das Gespräch mit Gott, seinem Vater – allein, fernab der Menschenmassen, die ihn tagtäglich umgaben. Sicher schätzte er auch tiefe Gespräche mit anderen Menschen. Aber gerade, wenn besonders viel los war, und in herausfordernden Zeiten wie beispielsweise kurz vor seiner Kreuzigung wählte er bewusst das Gebet, um sich neu auszurichten. So schöpfte er Kraft für das, was anstand. Den ein oder anderen mag er damit vor den Kopf gestoßen haben, weil er nicht rund um die Uhr verfügbar war. Aber Jesus wusste: Ich kann meinen Dienst nur tun, wenn ich selbst stark bin.

Gebet
Neu Kraft schöpfen bei Gott

Listen Sie doch mal auf, was Ihnen Energie schenkt und was Sie Kraft kostet. Wenn es dabei ein Ungleichgewicht gibt, überlegen Sie, wie Sie Krafträuber minimieren und bewusst Energiegeber einplanen können. Beziehen Sie gerne auch Gott und Menschen Ihres Vertrauens mit ein, indem Sie sie um Rat bitten.

Alle, die auf den Herrn vertrauen, bekommen immer wieder neue Kraft, es wachsen ihnen Flügel wie dem Adler.
Jesaja 40,31

HOFFNUNG IM BLICK

„Alles wird gut!" Das mag erst einmal sehr flapsig klingen – gut gemeint, aber vielleicht ja doch nicht auf Ihre Situation zutreffend. Mit der Müdigkeit steigt oft auch der Pessimismus, die Hoffnungslosigkeit nimmt zu und damit auch das Gefühl, dass es nie, nie wieder gut werden wird. Aber das ist nicht wahr. Das muss nicht Ihre Geschichte sein.

Hebräer 11,1 Römer 15,13	Seite 47

Gott ist ein Gott der Hoffnung. Er ist kein Gott der leeren Versprechungen, der erst Mut macht und einem dann die lange Nase zeigt. Wenn er sagt, dass es Hoffnung gibt und er sie schenken will, dann ist das die Wahrheit. Er selbst will Ihr Hoffnung gebender Wegbegleiter sein – immer, jeden Tag und auch durch dunkle Täler hindurch. Auf ihn ist Verlass. Weder schubst er Sie voran, noch rennt er Ihnen voraus. Stattdessen geht er an Ihrer Seite, in Ihrem Tempo, zum Greifen nah.

Hoffnung
Bei Gott gibt es keine leeren Versprechungen

Können Sie das glauben? Was für einen Unterschied macht es, so einen einfühlsamen Wegbegleiter an Ihrer Seite zu wissen? Kommen Sie mit ihm ins Gespräch.

Nichts ist mir unmöglich, weil der, der bei mir ist, mich stark macht.

Philipper 4,13

BIBELTEXTE

IMPULS 1	1. Mose 2,1-3 2. Mose 20,8-11	Seite 6

1 So entstanden Himmel und Erde mit allem, was lebt. 2 Am siebten Tag hatte Gott
sein Werk vollendet und ruhte von aller seiner Arbeit aus. 3 Und Gott segnete den
siebten Tag und erklärte ihn zu einem heiligen Tag, der ihm gehört, denn an die-
sem Tag ruhte Gott, nachdem er sein Schöpfungswerk vollbracht hatte.
1. Mose 2,1-3 (GNB)

8 Halte den Ruhetag in Ehren, den siebten Tag der Woche! Er ist ein heiliger Tag, der
dem Herrn gehört. 9 Sechs Tage sollst du arbeiten und alle deine Tätigkeiten ver-
richten; 10 aber der siebte Tag ist der Ruhetag des Herrn, deines Gottes. An diesem
Tag sollst du nicht arbeiten, auch nicht dein Sohn oder deine Tochter, dein Sklave
oder deine Sklavin, dein Vieh oder der Fremde, der bei dir lebt. 11 Denn in sechs
Tagen hat der Herr Himmel, Erde und Meer mit allem, was lebt, geschaffen. Am
siebten Tag aber ruhte er. Deshalb hat er den siebten Tag der Woche gesegnet und
zu einem heiligen Tag erklärt, der ihm gehört.
2. Mose 20,8-11 (GNB)

IMPULS 2	Matthäus 6,12	Seite 7

12 Und vergib uns unsere Schuld, wie auch wir vergeben unsern Schuldigern.
Matthäus 6,12 (LUT)

IMPULS 3	Psalm 13	Seite 10

1 Ein Lied Davids. 2 Herr! Hast du mich für immer vergessen? Wie lange willst du
dich noch verbergen? 3 Wie lange sollen mich die Sorgen quälen, soll der Kummer
Tag für Tag an meinem Herzen nagen? Wie lange dürfen meine Feinde mich noch
bedrängen? 4 Sieh mich doch wieder an, Herr! Gib mir Antwort, du mein Gott!
Mach es wieder hell vor meinen Augen, damit ich nicht in Todesnacht versinke!
5 Sonst sagen meine Feinde: „Den haben wir erledigt!“, und jubeln über meinen
Sturz. 6 Doch ich verlasse mich auf deine Liebe, ich juble über deine Hilfe. Mit mei-
nem Lied will ich dir danken, Herr, weil du so gut zu mir gewesen bist.
Psalm 13 (GNB)

IMPULS 4	Johannes 14,16-19	Seite 12

16 Dann werde ich den Vater bitten, dass er euch an meiner Stelle einen anderen
Helfer gibt, der für immer bei euch bleibt. 17 Dies ist der Geist der Wahrheit. Die
Welt kann ihn nicht aufnehmen, denn sie ist blind für ihn und erkennt ihn nicht.
Aber ihr kennt ihn, denn er bleibt bei euch und wird in euch leben. 18 Nein, ich lasse
euch nicht als hilflose Waisen zurück. Ich komme wieder zu euch. 19 Schon bald
werde ich nicht mehr auf dieser Welt sein, und niemand wird mich mehr sehen.
Nur ihr, ihr werdet mich sehen. Und weil ich lebe, werdet auch ihr leben.

Johannes 14,16-19 (HFA)

IMPULS 5	Psalm 139,1-6 Psalm 139,13-14	Seite 13

1 Ein Lied Davids. Herr, du durchschaust mich, du kennst mich bis auf den Grund. 2
Ob ich sitze oder stehe, du weißt es, du kennst meine Pläne von ferne. 3 Ob ich tätig
bin oder ausruhe, du siehst mich; jeder Schritt, den ich mache, ist dir bekannt. 4
Noch ehe ein Wort auf meine Zunge kommt, hast du, Herr, es schon gehört. 5 Von
allen Seiten umgibst du mich, ich bin ganz in deiner Hand. 6 Dass du mich so durch
und durch kennst, das übersteigt meinen Verstand; es ist mir zu hoch, ich kann es
nicht fassen.

Psalm 139,1-6 (GNB)

13 Du hast mich geschaffen mit Leib und Geist, mich zusammengefügt im Schoß
meiner Mutter. 14 Dafür danke ich dir, es erfüllt mich mit Ehrfurcht. An mir selber
erkenne ich: Alle deine Taten sind Wunder!

Psalm 139,13-14 (GNB)

IMPULS 6	Matthäus 11,28	Seite 16

28“Kommt alle her zu mir, die ihr euch abmüht und unter eurer Last leidet! Ich werde euch Ruhe geben.“

Matthäus 11,28 (HFA)

IMPULS 7	1. Petrus 5,7	Seite 18

[7]Alle eure Sorgen werft auf ihn, denn er sorgt für euch.
1. Petrus 5,7 (GNB):

IMPULS 8	Psalm 31,10.15	Seite 19

[10] Erbarme dich über mich, HERR, denn ich weiß weder aus noch ein! Meine Augen
sind vom Weinen ganz verquollen, ich bin mit meiner Kraft am Ende. [15] Ich aber,
HERR, vertraue dir. Du bist mein Gott, daran halte ich fest!
Psalm 31,10.15 (HFA)

IMPULS 9	Prediger 4,12	Seite 20

[12] Ein einzelner Mensch kann leicht überwältigt werden, aber zwei wehren den Überfall ab. Noch besser sind drei; es heißt ja: „Ein Seil aus drei Schnüren reißt nicht so schnell."
Prediger 4,12 (GNB)

IMPULS 10	1. Samuel 16,7b	Seite 24

[7b] Ein Mensch sieht, was vor Augen ist; der HERR aber sieht das Herz an.
1. Samuel 16,7b (LUT)

IMPULS 11	Prediger 3,1-7	Seite 25

[1] Alles, was auf der Erde geschieht, hat seine von Gott bestimmte Zeit: [2] geboren
werden und sterben, einpflanzen und ausreißen, [3] töten und Leben retten, nieder-
reißen und aufbauen, [4] weinen und lachen, wehklagen und tanzen, [5] Steine werfen
und Steine aufsammeln, sich umarmen und sich aus der Umarmung lösen, [6] fin-
den und verlieren, aufbewahren und wegwerfen, [7] zerreißen und zusammennä-
hen, schweigen und reden.
Prediger 3,1-7 (GNB)

IMPULS 12	Lukas 5,17-25	Seite 26

17 Während dieser Zeit geschah einmal Folgendes: Jesus sprach gerade zu den Men-
schen, und vor ihm saßen Pharisäer und Gesetzeslehrer, die aus allen Ortschaften
Galiläas und Judäas und sogar aus Jerusalem gekommen waren. In Jesus war
Gottes Kraft am Werk und trieb ihn dazu, Kranke zu heilen. 18 Da brachten einige
Männer einen Gelähmten auf einer Tragbahre herbei. Sie wollten ihn in das Haus
hineintragen und vor Jesus niederlegen. 19 Aber wegen der Menschenmenge konn-
ten sie nicht bis zu Jesus durchkommen. So stiegen sie auf das Dach, deckten einige
Ziegel ab und ließen die Bahre mit dem Kranken mitten in der Menge genau vor
Jesus nieder. 20 Als Jesus sah, wie groß ihr Vertrauen war, sagte er zu dem Kranken:
„Du Mensch, deine Schuld ist dir vergeben!“ 21 Die Gesetzeslehrer und Pharisäer
dachten: „Was maßt der sich an, dass er eine solche Gotteslästerung auszuspre-
chen wagt! Nur Gott kann den Menschen ihre Schuld vergeben, sonst niemand!“
22 Aber Jesus wusste, was sie dachten, und fragte sie: „Was macht ihr euch dafür
Gedanken? 23 Was ist leichter – zu sagen: ‚Deine Schuld ist dir vergeben‘, oder: ‚Steh
auf und geh umher‘? 24 Aber ihr sollt sehen, dass der Menschensohn die Vollmacht
hat, hier auf der Erde Schuld zu vergeben!“ Und er sagte zu dem Gelähmten: „Ich
befehle dir: Steh auf, nimm deine Tragbahre und geh nach Hause!“ 25 Sofort stand
der Mann vor aller Augen auf, nahm die Bahre, auf der er gelegen hatte, und ging
nach Hause. Dabei pries er Gott.

Lukas 5,17-25 (GNB)

IMPULS 13	Sprüche 16,32a Römer 12,12	Seite 30

32a Geduld bringt weiter als Heldentum.

Sprüche 16,32a (GNB)

12 Seid fröhlich als Menschen der Hoffnung, bleibt standhaft in aller Bedrängnis, lasst nicht nach im Gebet.

Römer 12,12 (GNB)

IMPULS 14	1. Korinther 6,19-20	Seite 31

19 Wisst ihr nicht, dass euer Leib ein Tempel des Heiligen Geistes ist, der in euch
wohnt? Gott hat euch seinen Geist gegeben und ihr gehört nicht mehr euch selbst.
20 Er hat euch freigekauft und als sein Eigentum erworben. Macht ihm also Ehre an
eurem Leib!

1. Korinther 6,19-20 (GNB)

IMPULS 15	1. Mose 1,26a.27.31	Seite 34

26 Dann sprach Gott: „Nun wollen wir Menschen machen, ein Abbild von uns, das
uns ähnlich ist!“ 27 So schuf Gott die Menschen nach seinem Bild, als Gottes Eben-
bild schuf er sie und schuf sie als Mann und als Frau. 31 Und Gott sah alles an, was
er geschaffen hatte, und sah: Es war alles sehr gut. Es wurde Abend und wieder
Morgen: der sechste Tag.

1. Mose 1,26a.27.31 (GNB)

IMPULS 16	1. Johannes 3,1a Markus 12,29-31	Seite 36

1 Seht doch, wie sehr uns der Vater geliebt hat! Seine Liebe ist so groß, dass er uns seine Kinder nennt. Und wir sind es wirklich: Gottes Kinder!

1. Johannes 3,1a (GNB)

29 Jesus sagte: „Das wichtigste Gebot ist dieses: ‚Höre, Israel! Der Herr ist unser Gott,
der Herr und sonst keiner. 30 Darum liebt ihn von ganzem Herzen und mit ganzem
Willen, mit ganzem Verstand und mit aller Kraft.‘ 31 Das zweite ist: ‚Liebe deinen
Mitmenschen wie dich selbst!‘ Es gibt kein Gebot, das wichtiger ist als diese beiden.“

Markus 12,29-31 (GNB)

IMPULS 17	Markus 1,35	Seite 40

35 Am nächsten Morgen stand Jesus vor Tagesanbruch auf und zog sich an eine einsam gelegene Stelle zurück, um dort allein zu beten.

Markus 1,35 (HFA)

IMPULS 18	Hebräer 11,1 Römer 15,13	Seite 42

1 Der Glaube ist der tragende Grund für das, was man hofft: Im Vertrauen zeigt sich jetzt schon, was man noch nicht sieht.
Hebräer 11,1 (HFA)

13 Deshalb wünsche ich für euch alle, dass Gott, der diese Hoffnung schenkt, euch in eurem Glauben mit großer Freude und vollkommenem Frieden erfüllt, damit eure Hoffnung durch die Kraft des Heiligen Geistes wachse.
Römer 15,13 (HFA)

Wie sehr stehst du dem bei,
der **keine Kraft** *hat,*
hilfst du dem, der **keine Stärke**
in den Armen hat!

Hiob 26,2

© Dino Reichmuth - Unsplash.com

BLB

WAS IST DER BIBELLESEBUND?

Wir sind von der Bibel und ihrer Botschaft begeistert! Diese Begeisterung möchten wir teilen und weitergeben. Deshalb unterstützen wir Menschen jeder Altersgruppe dabei, einen eigenen Zugang zur Bibel zu erhalten und in ihrem Alltag mit der Bibel zu leben. International kennt man uns unter Scripture Union. Wie viele andere christliche Werke auch, arbeiten wir auf der Glaubensgrundlage der Evangelischen Allianz.

Kurz gesagt:

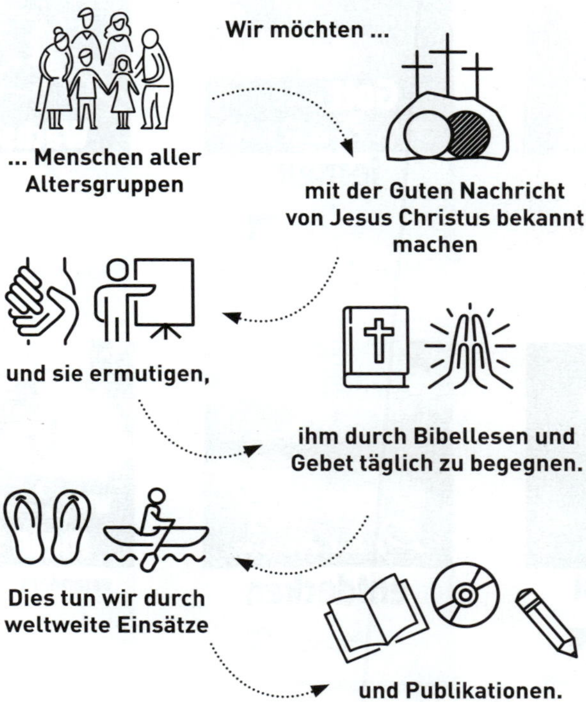

Wenn Sie mehr wissen möchten:
www.bibellesebund.net

Lust auf mehr?

Nun haben Sie anhand dieses Heftes 18 Impulse aus der Bibel erhalten. Wir hoffen, dass Sie dabei wertvolle Gedanken für Ihr Leben mitnehmen konnten. Wenn dieses Heft Ihr Interesse an der Bibel und weiteren Themen geweckt hat, dann finden Sie hier weitere Möglichkeiten, Entdeckungen in der Bibel zu machen.

Weitere Hefte folgen.
Hier erfahren Sie mehr:
shop.bibellesebund.net

Thematisches Bibellesen

GET IT ON Google Play
Download on the App Store
BIBELZEIT

Die Bibellese-Themenhefte können auch in der App „Bibelzeit" erworben werden!